I0122876

DÉLIBÉRATION

DU TRIBUNAL DE COMMERCE DE CAEN

SUR LA RÉVISION

DES

Droits de Courtage Maritime

FIXÉS DANS LE PORT DE CAEN

PRISE LE 23 MAI 1888

SUR LE

RAPPORT

DE

M. L. SAVARE

Docteur en Droit, Juge

CAEN

IMPRIMERIE HENRI DELESQUES

RUE FROIDE, 2 ET 4

1888

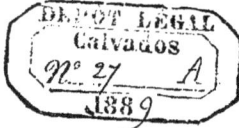

DÉLIBÉRATION

DU TRIBUNAL DE COMMERCE DE CAEN

SUR LA RÉVISION

DES

Droits de Courtage Maritime

FIXÉS DANS LE PORT DE CAEN

PRISE LE 23 MAI 1888

SUR LE

RAPPORT

DE

M. L. SAVARE

Docteur eu Droit, Juge

CAEN

IMPRIMERIE HENRI DELESQUES

RUE FROIDE, 2 ET 4

—

1888

DÉLIBÉRATION DU TRIBUNAL DE COMMERCE

DE CAEN

En date des 27 avril et 23 mai 1888

———

Le Tribunal de Commerce de Caen ayant été saisi, par une lettre de M. le Préfet du Calvados, en date du 19 avril dernier, d'une demande en révision des droits de courtage maritime, perçus dans le port de Caen, a nommé, dans une réunion du 27 avril, une Commission composée de :

MM. L. SAVARE, *juge*,

ALLAINGUILLAUME,
E. BIGOT, } *juges suppléants*,

avec mission de préparer un tarif de courtage pour ledit port.

La Commission, après en avoir délibéré et rédigé un projet de tarif, l'a soumis aux membres du Tribunal, le 23 mai, précédé d'un rapport présenté par M. L. Savare, dans les termes suivants :

MONSIEUR LE PRÉSIDENT,

MESSIEURS,

M. le Préfet du Calvados, par une lettre en date du 19 avril dernier, a invité votre Tribunal à préparer un projet de tarif officiel des droits de courtage dans le port de Caen, en exécution de l'article 13 de l'arrêté du 29 germinal an IX.

J'ai l'honneur, au nom de la commission que vous avez nommée dans votre réunion du 27 avril, de vous soumettre, avec ce projet de tarif, quelques observations sur les motifs qui en ont inspiré la rédaction.

Votre commission a dû reconnaître d'abord que rien, dans la situation actuelle du commerce maritime à Caen et dans les relations des capitaines avec les courtiers, ne paraît justifier la nécessité de modifications urgentes du tarif en vigueur.

Malgré des recherches minutieuses, et en remontant au-delà de trente ans, il a été impossible de relever une seule difficulté portée devant les tribunaux au sujet de cette question de tarifs. D'un autre côté, le tarif actuellement en vigueur, bien qu'il n'ait pas été consacré par une investiture officielle, est sérieux et régulièrement appliqué.

S'il a, depuis l'installation des courtiers maritimes à Caen, été l'objet de nombreux remaniements, ceux-ci ont tous été à l'avantage de la navigation, au fur et à mesure qu'elle s'est transformée.

Le tarif le plus ancien dont nous ayons retrouvé la trace avait été fixé à la suite d'une délibération du Tribunal de commerce de Caen, en date du 27 novembre 1833, où nous lisons notamment :

« Examinant la question de savoir s'il convient d'établir un droit de courtage unique pour tous les ports de France, le Tribunal pense qu'il serait juste de les classer suivant leur importance et leur localité ; ainsi Caen devrait avoir un tarif plus élevé que Le Havre, les navires arrivant à Caen étant généralement d'un petit tonnage, ce qui donne aux courtiers un bénéfice modique, encore bien que les soins pour les expéditions et les déclarations soient à peu près les mêmes que pour les navires plus forts. »

C'est en s'inspirant de cet ordre d'idées que, après la fixation officielle du tarif d'Honfleur par une ordonnance du roi en date du 12 novembre 1838, les courtiers maritimes de Caen adoptèrent le même tarif, qui devint leur règle pendant de longues années.

Depuis, sur la demande des capitaines, ils l'ont plusieurs fois modifié, toujours à l'avantage de ceux-ci.

C'est ainsi qu'ils sont arrivés à percevoir, pour la conduite des navires faisant le cabotage avec les ports français, tant de l'Océan que de la Méditerranée, le très faible droit de 1 % sur le montant du fret. C'est le droit le plus faible qui soit actuellement appliqué en France.

De même, lorsque la navigation à vapeur s'est développée avec l'étranger, permettant l'entrée à Caen de navires plus considérables, répétant fréquemment leurs voyages, ils cédèrent aux instances des armateurs anglais et réduisirent de moitié les droits applicables aux steamers. Il est même arrivé que cette concession, faite à l'origine uniquement en vue des transports de charbon, s'est trouvée étendue, par suite d'une interprétation inexacte, à tous les autres transports par steamers, et que nous avons dû, dans l'établissement du nouveau tarif, réagir contre l'usage abusivement établi au détriment des courtiers.

Votre Commission, après avoir constaté ces faits, devait se demander si le produit des trois charges de courtiers maritimes à Caen était en rapport avec les services rendus par eux.

Elle reconnut d'abord que, si la valeur attribuée à ces charges par la chancellerie paraît aller en augmentant, le produit, soit net, soit brut, est plutôt en décroissance depuis un certain nombre d'années.

D'une part, en effet, la dernière charge cédée, dont le titulaire actuel est M. Bouet, a été évaluée en 1887 à 150,000 fr. M. Delaforge l'avait acquise en 1870 moyennant un prix beaucoup moindre. Et son prédécesseur, M. Mangon-Laforêt, l'avait payée un prix encore moins élevé.

D'un autre côté, le produit brut par charge a été :

En 1865, de 23,299 fr. 48
En 1872, de 26,070　31
En 1880, de 22,509　57
En 1882, de 25,309　28
En 1883, de 25,010　09
En 1884, de 25,259　02
En 1885, de 24,427　26
En 1886, de 24,216　24
En 1887, de 23,948　67

Le motif de cette décroissance n'est pas dans la diminution du tonnage du port de Caen, qui augmente au contraire d'année en année.

Elle paraît provenir de trois causes :

D'abord des réductions de tarif importantes volontairement consenties comme nous l'avons dit plus haut;

En second lieu, de la suppression presque complète du droit d'interprétation orale, à la suite de l'assimilation des marines étrangères les plus nombreuses à la marine nationale, clause insérée dans tous les traités de commerce;

Enfin, de ce qu'un certain nombre de commerçants

s'arrangent, à tort ou à raison, pour éviter à leurs capitaines l'intermédiaire des courtiers.

La moyenne des frais généraux par charge de courtier oscille entre 10,000 et 11,000 fr., sans compter l'intérêt du capital engagé qui doit être estimé à 7,500 fr., suivant la valeur attribuée à la dernière charge cédée.

Et pourtant les courtiers maritimes de Caen, s'inspirant des sages conseils de Valin (1), consacrés par un usage à peu près général aujourd'hui, ont un bureau commun sur le port, ce qui leur permet d'avoir une organisation plus perfectionnée, et des employés plus nombreux et plus instruits, tout en modérant leurs frais généraux.

Il résulte donc des chiffres officiels qui nous ont été soumis, que la rémunération des courtiers maritimes de Caen ne dépasse guère actuellement 6,000 fr. par an, chiffre que votre Commission a trouvé très modéré. Ces officiers ministériels doivent, en effet, posséder des connaissances spéciales et variées qui exigent de longues études; ils doivent avoir une situation honorable et honorée, suffisamment indépendante pour que leur droiture et leur probité soient au-dessus de tout soupçon. Le législateur, en leur interdisant toute ingérence dans des affaires commerciales personnelles, a dû

(1) Valin, *Commentaire sur l'Ordonnance de la marine*, livre I, titre VII. Commentaire sur l'art. 7.—On a observé même de leur faire faire bourse commune autant que cela est possible, et d'avoir un bureau sur le port où on puisse trouver en tout temps quelqu'un d'eux. Par là, le service se fait exactement et sans délai, tandis que les courtiers retirent de leur emploi des émoluments qui leur procurent une honnête subsistance. Cela sert à les entretenir dans des sentiments d'honneur et de probité propres à servir d'exemple et d'instruction à ceux qui aspirent à les remplacer dans la suite.

vouloir les mettre , par un tarif suffisamment rémuné-
rateur, au-dessus de toutes les tentations de spéculation
et de fraude.

C'est en nous inspirant de ces idées et en rendant
hommage à la considération générale dont sont entourés
les trois courtiers maritimes de Caen, qui, par leur
capacité et leur droiture, rendent les plus grands services
à la navigation, que nous avons jugé sage et juste de ne
pas amoindrir leur situation dans l'établissement du
nouveau tarif qui nous est demandé.

La lettre de M. le Préfet nous recommande de nous
inspirer des derniers tarifs officiellement établis ; ces
tarifs sont ceux du Havre et de Rouen, dont nous nous
sommes beaucoup servis. Et on nous conseille spécia-
lement deux choses ; d'abord, « une uniformité vive-
« ment désirée », et, en second lieu, « tenant compte
« des besoins de la marine marchande, d'éviter que les
« droits de courtage ne pèsent d'un poids trop lourd
« sur la navigation. »

Nous nous sommes scrupuleusement conformés au
désir exprimé en ce qui concerne la base des tarifs. En
comparant ceux des divers ports de France, on y re-
connaît en effet une grande diversité. Ils sont basés,
suivant les localités, tantôt sur le tonneau de jauge,
tantôt sur le tonneau de chargement, tantôt sur le
montant du fret. A Caen, nous trouvons, suivant les
cas, ces trois modes d'évaluation alternativement employés. Il est certainement préférable pour les capitaines
que, dans tous les ports, la base de perception soit
uniformément la même ; et nous reconnaissons que le
mode proposé, à savoir le tonneau de jauge pour les
navires sur lest, et le tonneau de chargement pour les
navires chargés, est le plus rationnel, les soins du

courtier ne variant pas pour un navire faisant les mêmes voyages avec des frets plus ou moins élevés.

Mais nous n'avons pas pensé qu'il fût possible d'uniformiser les taux des différents droits, d'accord en cela avec nos prédécesseurs de 1833. Quelle que soit, en effet, la dimension des navires, les soins du courtier conducteur sont à peu près les mêmes ; il est donc juste que le port où ne sont reçus que des navires d'un faible tonnage ait un tarif plus élevé que celui qui reçoit beaucoup de forts tonnages. Aussi, avons-nous trouvé juste de proposer un tarif un peu plus élevé que ceux du Havre et de Rouen.

Le Havre, en effet, pour ne citer que ce port, reçoit annuellement environ 4,500 navires, chargés tant à l'entrée qu'à la sortie d'environ 3,500,000 tonnes, soit une moyenne de 780 tonnes par navire. Caen reçoit environ 900 navires, chargés tant à l'entrée qu'à la sortie d'environ 325,000 tonnes (non compris les services réguliers de Caen au Havre), soit une moyenne de 360 tonnes. Il en résulte que la sphère d'activité des douze courtiers du Havre s'étend en moyenne pour chacun à 375 navires, chargés de 292,000 tonnes ; tandis que, pour les trois courtiers de Caen, le nombre de navires étant en moyenne à peu près le même, soit 300, le nombre moyen de tonnes, 108,000, est presque trois fois moins considérable.

De même, il nous semble rationnel, en établissant les divers tarifs d'un port, de se préoccuper de son commerce habituel. La grande majorité du tonnage de Caen (plus des deux tiers) consiste dans les charbons, marchandise d'une faible valeur, payant un fret peu élevé, et, à cause de cela, tarifée généralement, quant au courtage, au-dessous de toutes les autres marchandises. Sans

2

doute cet adoucissement de tarif est juste, mais elle nous paraît devoir être moins considérable à Caen que dans d'autres ports similaires, celui d'Honfleur par exemple, où les charbons n'entrent guère que pour un sixième du tonnage, tandis que les bois du Nord, qui paient un tarif beaucoup plus élevé, forment la moitié du mouvement total. Si donc les tarifs étaient les mêmes, il en résulterait que, tout en appliquant leur activité à un tonnage notablement plus considérable, les courtiers de Caen auraient une situation bien inférieure à celle de leurs collègues d'Honfleur, la plus grande partie de ce tonnage ne supportant qu'un très faible tarif.

C'est pour ce double motif que nous avons cru ne pas devoir adopter complètement les tarifs des ports voisins, notamment en ce qui concerne les charbons.

Nous étions invités en second lieu à nous préoccuper des besoins de la marine marchande, dont la situation est digne du plus grand intérêt.

Notre attention s'est naturellement portée avant tout sur la marine nationale. Le pavillon français disparaît malheureusement chaque jour. On peut dire d'une façon à peu près absolue que, dans le port de Caen, il n'est plus utilisé que pour le cabotage de port français à port français, navigation interdite aux étrangers. C'est donc pour cette catégorie de navires que nous avons cherché les plus faibles tarifs. Nous proposons pour les navires faisant ce trafic les tarifs très réduits du Havre et de Rouen, correspondant à peu près à l'ancien tarif appliqué à Caen, de 1 % sur la valeur du fret. Nous proposons même, contrairement à ce qui existe dans ces deux derniers ports, d'appliquer ce tarif réduit aux provenances des ports français de la Méditerranée ; nous n'avons vu jusqu'ici écrite nulle part cette clause très avantageuse pour les navires français.

En ce qui concerne les navires faisant la navigation avec l'étranger, presqu'exclusivement étrangers aujourd'hui, il nous a paru que le privilége de l'assimilation avec les navires français, dont ils jouissent en général en vertu des traités de commerce, est déjà une grande faveur, parce qu'ils occasionnent forcément à ceux qui s'occupent de leurs affaires un surcroît de travail et de soins. En effet, le rôle des courtiers vis-à-vis d'eux ne se borne pas, comme avec les capitaines français, à l'accomplissement des formalités en douane. Le capitaine étranger, qui ne connaît généralement ni nos usages, ni notre langue, veut avoir auprès de lui, dans ses rapports avec le réceptionnaire, les fournisseurs, les administrations publiques, un des courtiers ou un de leurs commis, sans qu'il en résulte pour lui ni augmentation de tarif, ni droits supplémentaires.

Aussi, nous sommes-nous bornés dans notre projet à réglementer les diverses concessions faites aux capitaines des steamers ; et notre tarif, ainsi constitué, est plutôt inférieur à ceux des ports de la même importance que Caen.

Nous avons proposé seulement une innovation que nous avons trouvée dans les tarifs du Havre et de Rouen, et qui nous a paru très sage. Le droit proposé ne s'applique pour les steamers qu'aux 1,000 premiers tonneaux de chargement ; tout ce qui dépasse ce chiffre paie un droit moins élevé.

Nous avons cru également devoir proposer une autre innovation qui, si elle n'est pas écrite dans les tarifs, est généralement appliquée dans la pratique ; c'est d'établir un minimum de perception pour la conduite d'un navire. Il nous a semblé raisonnable que les services des courtiers ne puissent être réclamés pour une somme infime, la conduite d'un navire, si petit qu'on le suppose, exigeant toujours plusieurs démarches. Nous avons fixé ce minimum à 5 fr. ; il ne nous a pas paru possible de déranger les courtiers et leurs employés pour une somme moindre.

Enfin, pour en terminer avec la conduite des navires, nous ne croyons pas équitable d'admettre l'une des clauses imprimées du modèle qui nous a été remis :

« Les navires en relâche forcée, par suite de gros « temps ou d'avarie, sont exempts de tout courtage. »

A Caen surtout, ce fait ne peut s'appliquer qu'à des navires relâchant à Ouistreham, à 14 kilomètres de Caen ; ils peuvent avoir besoin du ministère des courtiers maritimes, et ceux-ci ne peuvent le leur refuser. Il ne nous paraît pas possible de leur causer un dérangement et des frais sérieux sans les indemniser. Nous proposons de leur attribuer le tarif d'un navire entrant sur lest, à moins qu'il n'y ait déchargement, auquel cas il serait perçu le tarif habituel des navires entrant chargés.

Les affrètements, les ventes de navires et les traductions de pièces sont tellement rares, que nous n'avons pas jugé utile de modifier, en ce qui les concerne, le tarif actuellement en vigueur.

Les ventes n'ont porté, depuis quelques années, que sur des navires d'un tonnage insignifiant, ou tellement vieux et hors d'usage, qu'ils ne pouvaient être utilisés que comme pontons. Les navires à voiles attachés au port de Caen disparaissent petit à petit, sans être remplacés; c'est à peu près le seul élément de vente des courtiers maritimes de Caen.

Quant aux assurances maritimes, ils ont quelquefois à s'en occuper. Mais, comme il n'existe pas à Caen de Compagnies d'assurances maritimes ni d'assureurs particuliers, ils s'adressent à des courtiers de Paris ou du Havre, avec lesquels ils partagent la commission perçue par ceux-ci, de 7 1/2 % sur la prime, généralement consentie par tous les assureurs.

Nous avons l'honneur de vous soumettre le projet de tarif dressé d'après ces principes.

Nous y joignons les différentes pièces dont la production nous a été demandée.

Le tableau comparé de l'ancien et du nouveau mode de perception, appliqué au tonnage moyen des dernières années, indique une légère augmentation de produit avec le nouveau mode de perception ; mais cette augmentation est plus apparente que réelle, parce que, la dimension des navires grandissant sans cesse, la quantité de tonnage par navires de plus de 1,000 tonneaux, qui est à peu près nulle aujourd'hui, acquerrera d'ici quelques années une grande importance ; il en résultera une sérieuse diminution de produit.

Votre Commission, pour se conformer au désir exprimé par M. le Préfet, a fait connaître à MM. les Courtiers maritimes le projet de tarif qu'elle a l'honneur de vous soumettre ; ceux-ci n'y ont pas fait d'objections sérieuses. Mais ils ont exprimé un désir : c'est qu'à l'occasion de l'établissement de ce nouveau tarif, l'Administration veuille bien fixer les limites territoriales dans lesquelles ils ont le droit d'exercer leur ministère.

Nous nous associons à ce vœu dans l'intérêt de la navigation, et nous ajoutons qu'il nous paraît sage d'étendre leur juridiction à tous les rivages des arrondissements de Caen et de Bayeux, c'est-à-dire à ceux compris entre l'embouchure de la Dives et celle de la Vire. Il ne se trouve sur ce littoral aucun port important en dehors de Caen. Mais, en cas d'échouement, il peut être de la plus grande utilité pour les capitaines d'avoir à leur disposition des courtiers-interprètes assermentés à l'expérience et à l'honorabilité desquels ils puissent se fier.

Nous avons cherché, Messieurs, dans l'exécution du mandat que vous nous avez confié, à concilier le double intérêt sur lequel M. le Préfet du Calvados a attiré notre attention, celui de la marine marchande et celui de MM. les Courtiers maritimes.

Nous devons vous avouer, toutefois, qu'en examinant dans tous ses détails la situation actuelle de ceux-ci, nous avons été frappés de la modicité de leurs émoluments.

Nous avons cru qu'il est de l'intérêt sagement entendu de la navigation et du commerce, de ne pas affaiblir une institution qui leur rend les plus grands services. Nous savons tous, par expérience, combien l'intervention d'un officier ministériel honnête, expérimenté, investi de la confiance générale, est plus utile à un capitaine étranger, que celle de conseillers sans autorité et sans garantie, qui leur persuadent de faire leurs affaires eux-mêmes et leur occasionnent des complications, des difficultés et des frais mille fois plus onéreux que l'intermédiaire des courtiers.

Les étrangers savent parfaitement apprécier la supériorité de notre organisation nationale des courtiers maritimes, officiers ministériels. Les armateurs et les capitaines cherchent à diminuer leurs frais ; nous trouvons cela tout naturel : c'est l'essence du commerce. Mais ils ne se doutent pas que, si leurs réclamations étaient trop complètement accueillies par les pouvoirs publics en France, ce serait la ruine de cette institution tutélaire de leurs intérêts. Soyez assurés que s'ils pouvaient avoir cette crainte, ils seraient moins ardents dans leurs revendications. Notre devoir à nous, Messieurs, qui voyons les choses comme elles sont, sans parti pris et sans passion, est de protéger le commerce maritime contre ses propres entraînements.

Après avoir entendu la lecture du rapport présenté par M. Savare, au nom de la Commission, le Tribunal a approuvé à l'unanimité toutes les considérations exposées dans ledit rapport, et a pris ensuite la délibération suivante :

Les membres présents, composant le Tribunal de Commerce de Caen, adoptent les propositions énoncées dans le rapport, dont les termes précèdent, ainsi que le tarif tel qu'il est établi dans le tableau ci-annexé, ordonne l'impression de la présente délibération et des tableaux annexés, pour être adressé à M. le Préfet du Calvados.

Les Membres du Tribunal de Commerce de Caen,

    MM. TAPPER, *président.*
       F. JACQUIER, ⎫
       L. SAVARE,   ⎬ *juges.*
       LEBOEUF,
       ALLAINGUILLAUME, ⎬ *juges suppléants.*
       LOIR,
       E. BIGOT,
       Paul LAHAYE, *greffier,*
          Remplissant la fonction de Secrétaire.

TARIF DES DROITS DE COURTAGE MARITIME DANS LE PORT DE CAEN

COND[UITE.]

NAVIRES.	Faisant le cabotage avec les ports français situés entre Cherbourg et Boulogne inclusivement.
Bâtiments à voile.	
Entrant sur lest.	0 fr. 03 1/8
Sortant sur lest.	Rien.
Entrant chargés en totalité ou en partie.	0 fr. 12 1/2
Sortant chargés en totalité ou en partie.	0 06 1/4
Bâtiments à vapeur.	
Entrant sur lest avec ou sans passagers.	0 fr. 03 1/8
Sortant sur lest sans passagers.	Rien.
Sortant sur lest avec passagers.	Rien.
Entrant chargés en totalité ou en partie { de brai, houille, fonte, minerai, de bois, fers, glace, grains, engrais, d'autres marchandises.	0 fr. 12 1/2
Sortant chargés en totalité ou en partie.	0 06 1/4

Étrangers non assimilés, moitié du tarif en plus.
Minimum de perception. . . . .

[NA]VIRES

	Faisant le cabotage avec les ports français de l'Océan et de la Méditerranée situés au-delà de Cherbourg et de Boulogne.	Faisant la navigation avec l'étranger et les colonies françaises.
PAR TONNEAU DE JAUGE.	0 fr. 06 1/4	0 fr. 12 1/2
	Rien.	Rien.
PAR TONNEAU DE CHARGEMENT.	0 fr. 25	0 fr. 50
	0 12 1/2	0 25
PAR TONNEAU DE JAUGE.	0 fr. 06 1/4	0 fr. 12 1/2
	Rien.	Rien.
	Rien.	0 06 1/4

PAR TONNEAU DE CHARGEMENT.		Pour les 1,000 premiers tonneaux.	Au-dessus de 1,000 tonneaux.
		1 0 fr. 25	0 fr. 20
0 fr. 25		2 0 40	0 30
0 12 1/2		3 0 50	0 40
		Moitié du droit des steamers entrant chargés.	

5 fr.

TRADUCTION DE PIÈCES

Dans le cas de contestation prévu par l'article 80 du Code de commerce.

Pour un connaissement ordinaire.	4 fr.
Pour un connaissement extraordinaire.	6
Pour le protêt d'une lettre de change	6
Pour les actes judiciaires (la première page).	6
Pour les actes judiciaires (la deuxième page et chacune des pages suivantes). . . .	4

La base de perception est le tonneau de chargement tel qu'il est indiqué au tarif annexé au décret du 25 août 1881.
Un navire sorti du port et forcé d'y relâcher est exempt de tout courtage.
Les navires en relâche forcée, par suite de gros temps et d'avaries, paieront le droit des navires entrant sur lest. S'il y a déchargement, on percevra le droit habituel des navires entrant chargés.

AFFRÈTEMENTS		VENTE DES NAVIRES.
Par charte partie.	A la cueillette.	
Sur la valeur du fret		Sur le prix de vente
2 %	2 %	1 %
payable par le fréteur, à moins de conventions contraires.		payable par l'acheteur, à moins de conventions contraires.

Quand le droit d'affrètement sera payé sur la cargaison entière, l'indemnité pour la conduite à la sortie ne sera pas due et se confondra avec le courtage d'affrètement.
Le courtage d'affrètement comprend l'expédition du contrôle à chacune des parties.
Les droits de courtage sur les bâtiments chargés (à voile ou à vapeur) ne peuvent être moindres que les droits payés par les mêmes bâtiments sur les[...]

TARIF ACTUEL DES DROITS DE COURTAGE MARITIME DANS LE PORT DE CAEN

CONDUITE NAVIRES

NAVIRES.	Faisant le cabotage avec les ports français situés entre Cherbourg et Abbeville.	Faisant le cabotage avec les ports français de l'Océan et de la Méditerranée situés au-delà de Cherbourg et de Abbeville.	Faisant la navigation avec l'étranger et les colonies françaises.
Bâtiments à voiles.		PAR TONNEAU DE JAUGE.	
Entrant sur lest	Rien.	Rien.	0 fr. 12
Sortant sur lest	Rien.	Rien.	Rien.
		PAR TONNEAU DE CHARGEMENT.	
Entrant chargés en totalité ou en partie	1 % sur le fret.	1 % sur le fret.	0 fr. 50 par tonneau de marchandise.
Sortant chargés en totalité ou en partie	d°.	d°.	0 fr. 25 d°.
Bâtiments à vapeur.		PAR TONNEAU DE JAUGE.	
Entrant sur lest avec ou sans passagers	Rien.	Rien.	0 fr. 06.
Sortant sur lest sans passagers	Rien.	Rien.	Rien.
Sortant sur lest avec passagers	Rien.	Rien.	Rien.
		PAR TONNEAU DE CHARGEMENT.	
A { Entrant chargés en totalité ou en partie	1 % sur le fret.	1 % sur le fret.	0 fr. 25 par tonneau de marchandise.
A { Sortant chargés en totalité ou en partie	d°.	d°.	0 fr. 12 1/2 d°.

A. Depuis plusieurs années, sur les instances réitérées des armateurs étrangers, les courtiers de Caen même, le tarif pour les steamers chargés de bois a été réduit de 1 fr. 50 à 1 fr. par standard. ont consenti à abaisser de 0 fr. 50 à 0 fr. 25 par tonneau de charge le droit de courtage d'entrée. — De

---

TRADUCTION DE PIÈCES

Dans le cas de contestation prévu par l'article 80 du Code de commerce.

Pour un connaissement ordinaire		6 fr.
Pour un connaissement extraordinaire { première page		6
{ deuxième page et suivantes.		4
Pour le protêt d'une lettre de change		6
Pour les actes judiciaires (la première page)		6
Pour les actes judiciaires (la deuxième page et chacune des pages suivantes) . . .		4

La base de perception est le tonneau de chargement tel qu'il est indiqué au tarif annexé au décret du 25 août 1861.
Un navire sorti du port et forcé d'y relâcher est exempt de tout courtage.
Les navires en relâche forcée, par suite de gros temps ou d'avaries, sont exempts de tout courtage.
En cas de relâche forcée pour cause d'avaries, peut peut être le droit à appliquer pour les soins à donner au capitaine dans l'accomplissement des diverses formalités à remplir { % sur le montant des avaries et dépenses) ?

AFFRÈTEMENTS		VENTE DE NAVIRES.
Par charte partie.	A la cueillette.	
Sur la valeur du fret		Sur le prix de vente
2 %	2 %	1 %
payable par le fréteur, à moins de conventions contraires.		payable par l'acheteur, à moins de conventions contraires.

Quand le droit d'affrètement sera payé sur la cargaison entière, l'indemnité pour la conduite à la sortie ne sera pas due et se confondra avec le courtage d'affrètement.
Le courtage d'affrètement comprend l'expédition du contrôle à chacune des parties.
Les droits de courtage sur les bâtiments chargés (à voile ou à vapeur) ne peuvent être moindres que les droits payés par les mêmes bâtiments sur lest.

TABLEAU comparatif du produit du droit de conduite des navires à Caen avec le tarif
actuellement en vigueur et avec le tarif proposé.

TONNAGE MOYEN.		TARIF ACTUEL.			TARIF PROPOSÉ.		
		tx.	c.	fr.	tx.	c.	fr.

IMPORTATIONS.

1º De l'étranger.

Houilles.	Steamers......	170.000	0,25	42.500	168.000	0,25	42.000 » »
					2.000	0,20	400 » »
	Voiliers......	3.000	0,50	1.500	3.000	0,50	1.500 » »
Grains.	Steamers......	3.200	0,25	800	3.200	0,40	1.280 » »
	Voiliers......	1.800	0,50	900	1.800	0,50	900 » »
Bois.	Steamers......	3.000 stand.	1, »	3.000	6.800	0,40	2.720 » »
					2.200	0,30	660 » »
	Voiliers......	20.500 tx.	0,50	10.250	20.500	0,50	10.250 » »
Fontes.	Steamers......	500	0,25	125	500	0,25	125 » »
Divers.	Steamers......	300	0,25	75	300	0,50	150 » »
	Voiliers......	2.400	0,50	1.200	2.400	0,50	1.200 » »

2º De ports français.

Épicerie.	Voiliers......	2.000	0,22 1/2	450	3.000	0,25	750 » »
Liquides.	Id........	500	0,28	140			
Graines.	Id........	500	10 navires à 5 fr.	50			
Salaisons.	Id........	1.500	0,13	195	5.500	0,12 1/2	687 50
Ciments et divers.	Id......	4.000	0,06	240			

EXPORTATIONS.

1º Pour l'étranger.

Voiliers..............		4.800	0,25	800	4.800	0,25	800 » »
Steamers { graines.............		3.400	0,12 1/2	425	3.200	0,20	640 » »
{ divers.............					200	0,25	50 » »

2º Pour ports français.

Voiliers..............		600	0,25	150	600	0,12 1/2	75 » »
				62.800			64.187 50

OBSERVATION. — La dimension des steamers augmente chaque année. Jusqu'ici le
nombre de ceux dont la dimension dépasse 1,000 tonneaux a été peu considérable ;
mais il est à croire qu'il suivra une progression croissante assez rapide.

MOUVEMENT DU PORT DE CAEN.

1885.

	Importation.	Exportation.
NAVIRES FRANÇAIS, 316. Jaugeant 37,892 tx.		
Id. ÉTRANGERS, 561. Id. 131,973	283,913 tx.	36,884 tx.

Importation par Navires étrangers 264,812	
Id. id. français 19,101	283,913 tx.

En ajoutant le trafic des Steamers réguliers de la ligne du Havre, on trouve pour l'importation, à Caen, venant des ports Français, un total de : 40,042 tx.

1886.

	Importation.	Exportation.
NAVIRES FRANÇAIS, 376. Jaugeant 44,783 tx.		
Id. ÉTRANGERS, 541. Id. 135,611	305,464 tx.	21,957 tx.

Importation par Navires étrangers 277,486	
Id. id. français 27,978	305,464 tx.

En ajoutant le trafic des Steamers réguliers de la ligne du Havre, on trouve pour l'importation, à Caen, venant des ports Français, un total de : 45,891 tx.

1887.

	Importation.	Exportation.
NAVIRES FRANÇAIS, 376. Jaugeant 44,113 tx.		
Id. ÉTRANGERS, 511. Id. 136,872	308,095 tx.	14,998 tx.

Importation par Navires étrangers 279,510	
Id. id. français 28,585	308,095 tx.

En ajoutant le trafic des Steamers réguliers de la ligne du Havre, on trouve pour l'importation, à Caen, venant des ports Français, un total de : 45,818 tx.

TONNAGE DES NAVIRES

Ayant eu recours aux Courtiers à Caen.

1887.

IMPORTATION.

Étrangère.		Française.		
Houilles (steamers)	170,127 tx.	Salaisons		
Brai (voiliers)	2,948	Ciments		
Diverses Marchandises (voiliers et steamers)	4,103	Savons	venant des ports français de l'Océan et de la Méditerranée.	8,500 tx.
Grains (voiliers et steamers) .	3,108	Liquides		
Bois (voiliers et steamers) . .	39,498	Grains		
Tonneaux :	219,784	. . soit . . .		219,784 tx.
18 navires sur lest.		. . et		8,500
		Ensemble.		228,284 tx.

EXPORTATION.

Par voiliers et steamers. . . . . 14,998 tonneaux.

Les grandes maisons de charbons font venir leurs houilles par steamers. Deux d'entr'elles ont chacune un steamer et ne se servent pas de courtiers.

Les autres petits négociants font venir par voiliers et font eux-mêmes les affaires des navires qu'ils reçoivent.

LISTE DES NAVIRES ATTACHÉS AU PORT DE CAEN

Actif	(steamer)	565 tx.	44/100	de Jauge.
Élisabeth. . . .	(voilier)	15	72/100	id.
Sirène	(id.)	146	76/100	id.
Héloïse	(id.)	214	59/100	id.
Joseph-Xavier . .	(id.)	149	05/100	id.
Achille et Charlotte	(id.)	73	13/100	id.
Mélingue. . . .	(id.)	87	31/100	Ces deux derniers, vendus à des armateurs du département de la Manche, sont restés attachés à Caen.
Marie-Joseph . .	(id.)	107	49/100	

COURS DES FRETS POUR LE PORT DE CAEN.

Houilles.

En ⎰ 1876 ⎱ 10 fr. 50 de la tonne, comme moyenne de l'année.
  ⎱ 1877 ⎰

De 1878 à 1883, ils descendent de fr. 9,85 à fr. 9,25 par tonneau.

En 1884   —   à   7,75   —
— 1885   —   à   7,40   —
— 1886   —   à   6,85   —
— 1887   —   à   6,60   —

Bois.

	BALTIQUE.			NORWÈGE.	
Année 1876	24 fr.	» par tonneau	14 fr.	» par tonneau.	
— 1877 ⎱	22	—	12	—	
— 1878 ⎰					
— 1879	18	—	12	—	
— 1880	21	—	12	—	
— 1881	19	—	12	—	
— 1882	21	—	11	50	—
— 1883	19	—	10		—
— 1884	18	50 —	9	50	—
— 1885	14	—	9		—
— 1886	13	—	7	50	—
— 1887	12	—	9	50	—

Fontes.

Les fontes importées étant vendues coût, fret, assurance, Caen, il n'y avait pas de fret stipulé. — Depuis deux ans il ne vient plus de fontes d'Angleterre. — En 1877, il est venu trois ou quatre chargements d'Espagne, mais cela n'a pas continué.

Exportations.

Orges pour l'Angleterre, de 4 à 5 fr. par tonneau, suivant destination.
Tourteaux pour le Danemark, de 8 à 10 fr. par tonneau.
Pierres de taille pour l'Angleterre, 5 fr. par tonneau.

NAVIGATION DE PORTS FRANÇAIS A PORTS FRANÇAIS.

Ciments. Boulogne à Caen . . . . fr. 6 de la tonne.
Salaisons. Id. Id. ⎰ harengs . . . . fr. 14 Id.
                            ⎱ morues . . . . fr. 12 Id.

MARSEILLE A CAEN.

Savons. Jusqu'en octobre 1885 . . . . . fr. 25 et 5 % par tonne.
Liquides. Id. Id. . . . . . fr. 30 et 5 % Id.

Depuis octobre 1885, le fret a baissé de 5 fr.

Savons . . . . fr. 20 et 5 % par tonneau.
Liquides. . . . . fr. 25 et 5 % Id.

Pavés de Grès, pour le Havre. . . . fr. 2,50 à 2 par tonneau.
Blés, farines, du Havre . . . . . . fr. 3,50 —
Graines . . . . fr. 4 à 3,50 —

ÉTAT DES VENTES DE NAVIRES

MM. G. PELLETIER				E. DELAFORGE			R. PELLETIER		
1883.		Fr.		**1883.**	Fr.		**1883.**		Fr.
Joseph-Xavier	30/101	8.000	» »	*Montalembert* (Pilote). Totalité	1.400		*Consolation*	1/3	1.500
Mélingue	14/48	1.750	» »	*Boîte-à-Bibi* (Canot de plaisance). . . .	700		*Glory*	Totalité.	2.400
Alerte	170/200	6.587	50	Quittance Cagniard à David.	» »				
				Reconnaissance de vente Potier à Mériel.	» »				
1884.				**1884.**			**1884.**		
Bonne-Adèle	1/2	2.500	» »	Néant.			Néant.		
1885.				**1885.**			**1885.**		
Indépendant	2/42	200	» »	*Jeanne d'Arc*.	3.250		*Alexandrine-Marie*. .	Totalité.	4.250
Indépendant	Totalité.	825	» »	*Mélingue*	3.350				
Sirène	1/3	2.000	» »	*Marie-Emélie* (Acte de dépôt).	1.200				
1886.				**1886.**			**1886.**		
Néant.				Néant.			Néant.		
1887.				**1887.**			**1887.**		
Confiance-en-Marie .	Totalité.	3.000	» »	Fin d'exercice le 5 mai.			*Montalembert* (Pilote).	Totalité.	3.400
Émile	178/1000	2.100	» »	Successeur, M. F. Bouet.			*Alerte*	Id.	3.500
				Néant.			*Jules*	25/60	3.750
							Alexandrine-Marie . .	Totalité.	3.000